KB040292

I CAN READ
The Little Prince

딥러닝 어린 왕자 단어장
DEEP LEARNING ENGLISH WORDS

I CAN READ The Little Prince
딥러닝 어린 왕자 단어장

초판 | 1쇄 발행 2020년 6월 1일
        3쇄 발행 2021년 7월 1일

지 은 이 | 스티브 오
정보맵핑 | 이야기 연구소
디 자 인 | 아름다운 디자인
제 작 처 | 갑우문화사
특허출원 | 10-2020-0012558
국제출원 | PCT/KR2020/002551

펴 낸 곳 | (주)도서출판동행
펴 낸 이 | 오승근
출판등록 | 2020년 3월 20일 제2020-000005호
주   소 | 부산광역시 부산진구 동천로109, 9층
이 메 일 | withyou@withyoubooks.com
카카오톡 | @icanread

ISBN 979-11-970056-2-6
ISBN 979-11-970056-0-2(세트)

(CIP제어번호 : CIP2020015379)

I CAN READ
The Little Prince

딥러닝 어린 왕자 단어장
DEEP LEARNING ENGLISH WORDS

도서
출판 동행

"우리는 영어를 생각보다 많이 알고 있습니다."

우리는 많은 시간을 영어에 투자합니다.
그런데 왜 여전히 영어가 어렵고 자신 없을까요?

대한민국에서 한 해 동안 영어 교육으로 지출되는 돈은 6조억 원이 넘습니다. 그런데도 영어가 어렵고 자신 없다는 건, 영어에 관한 관심이나 노력이 부족해서가 아니라 다른 문제가 있다는 것입니다.

저는 영어가 내 속에서 두려움과 부끄러움으로, 묶여 있는 게 문제라고 생각합니다. 그럼 묶여 있는 영어를 푸는 방법은 무엇일까요? 바로 영어에 대한 자신감을 찾는 것입니다. 영어에 대한 자신감은 내가 영어로 무언가를 했을 때 얻는 성취감과 함께 옵니다. 즉 성취감이 늘면 자신감도 늘어나지요.

이는 구호를 외치거나 자기 암시를 하는 식으로 접근할 게 아니라, 직접 경험을 통해 쌓아야 하는 부분입니다. 기초 영어인 "May I help you?"를 외국인 앞에서 당당히 말하지 못하는 이유는 질문 뒤에 들려올 외국인의 말이 두렵기도 해서이지만, **좀 더 본질적인 문제는 외국인에게 "May I help you?"라고 말해본 적이 별로 없기 때문입니다.**

제가 사는 곳은 외국인 친구들과 연세 있는 분들이 많은 마을입니다. 마을 사람 중에는 "Hello"와 "How are you?" 외에는 영어를 모르는 분이 계시는데요. 그분은 항상 외국인 친구를 만나면 당당하게 웃으며, "Hello~ How are you?" 하고 인사를 건넵니다. 얼굴에는 언제나 자신감과 미소가 가득하지요. 외국인 친구들도 밝게 웃으며 화답합니다. 만약 그분이 새로운 문장을 익히면 어떻게 될까요? 당연히 새로 배운 문장을 당당히 사용하실 겁니다.

우리는 영어를 많이 배웠지만, 성취감을 느끼면서 영어를 사용해 본 경험은 부족합니다. 그래서 영어가 여전히 어렵고, 자신 있게 사용하기 힘든 게 아닐까요?

딥러닝 영어 단어장은 성취감을 느끼면서, 자연스럽게 단어를 기억하도록 돕는 책입니다. 다른 단어장들과 비교해 보세요. 다른 단어장들을 보면, '내가 이만큼 모르는구나.'를 먼저 경험합니다. 하지만 딥러닝 단어장은 '어? 이거 내가 아는 단어네!'를 먼저 체험합니다. '모르는 것부터 시작하는지, 아니면 아는 것부터 시작하는지'에 따라, 우리는 '자신감을 지니고 학습할 수도, 아니면 잃고 학습할 수도' 있습니다.

단순 암기가 아닌 자연스러운 기억의 힘을 믿어보세요. 가능성을 최대한 열어놓고 단어를 기억해야, 그 단어는 여러분의 것이 됩니다. 자, 그럼 이제 시작해 볼까요? 충분히 해내실 수 있습니다!

책의 구성

ONE

어린왕자 챕터별로
구성 된 단어목록

The Little Prince
CHAPTER 1

1단계	2단계	3단계 4단계	5단계

TWO 2단계

"나 이 뜻 알아!"
대상 단어의 뜻을
가장 쉽게 표현한 출발단어
영어에 희망과 자신감을
주는 단계

THREE 3단계 / 4단계

원 단어를 유추할 수 있도록
추가 힌트를 주는 도움 단어

FOUR 5단계

어린왕자 원문에 나온 단어

very good	great	excellent fantastic	**magnificent** 멋진, 아름다 운 [mægnɪfɪsnt] 형용사
very old	very early	earliest ancient	**primeval** 원시의, 고대의 [praɪˈmiːvl]
a snake	a big snake	a dangerous snake boa snake	**boa constrictor** 보아뱀 [bouəkənstrɪktə(r)]
eat	no bite	without chewing	**swallow** 삼키다 [ˈswɑːloʊ]
food	hunt and eat	hunt and eat food for animals	**prey** 먹이 [preɪ]

FIVE

두 가지 이상의 뜻을 가진 단어는
본문에서 사용 된 뜻으로 표기

딥러닝 단어장 활용법

01 어! 나 이 단어 아는데!

1단계 단어만 먼저 보세요.

1단계 단어를 보면 일단 쉽죠? 맞습니다.
일단 자신 있게 어깨에 힘 좀 주며 속으로 생각해 보는 거예요. '음! 이 단어
도 내가 아는 단어군' 아주 구체적인 뜻까지는 모른다 해도 대충 이 단어가
가진 뜻은 이미 알고 있습니다.

very good	very old	a snake	ea eat	food

02 징검다리를 건너듯 다음 단계로!

천천히 한 단계씩 보세요.

징검다리를 건너듯이 말입니다. 너무 멀리 보고 건너지 않고 바로 앞에 있
는 돌을 보고 폴짝 건너듯이 1단계를 본 뒤에 2단계를 보세요. 한 번에 훅
보게 되면 이 책의 기능이 반감됩니다.

very good → great → excellent → fantastic →

magnificent
멋진, 아름다운
[mægnɪfɪsnt] 형용사

03 단계별로 생각 한번, 호흡 한 번!

꼭꼭 씹어가며 다음 단계로 넘어가세요.

본다는 건 한 번 생각해 본다는 것입니다. 눈으로만 보고 끝내지 말고 '5단계
의 단어는 어떤 뜻일까?'를 한 번 생각하고 다음 단계로 건너세요.

1단계	2단계	3단계 4단계	5단계

| very
good | great | excellent | **magnificent**
멋진, 아름다운 |
| | | fantastic | [mægnɪfɪsnt] 형용사 |

| very old | very early | earliest | **primeval**
원시의, 고대의 |
| | | ancient | [praɪˈmiːvl] |

| a snake | a big snake | a dangerous snake | **boa constrictor**
보아뱀 |
| | | boa snake | [bəʊəkənstrɪktə(r)] |

| eat | drink | consume | **swallow**
삼키다 |
| | | gulp | [ˈswɑːloʊ] |

| food | hunt and eat | targeted | **prey**
먹이 |
| | | food for animals | [preɪ] |

hunger	process the food	ingestion	**digestion** 소화 [daɪ dʒestʃən;dɪ-] 명사
		absorption	
think	think carefully	think over	**ponder** 숙고하다 [pɑ:n-] 동사
		consider	
best work	fantastic work	excellent work	**masterpiece** 명작, 걸작 [mɑ:stəpi:s] 명사
		perfect work	
scared	fearful	terrified	**frighten** 겁먹게 만들다 [fraɪt] 동사
		afraid	
feedback	reaction	answer	**response** 대답, 응답 [ri-spɑns] 명사
		reply	
help	suggest	recommend	**advise** 조언하다, 충고하다 [əd'vaɪz] 동사
		point out	
give	donate	give your time	**devote** 바치다, 쏟다 [divóut] 동사
		to commit commitment	

		study of the earth	**geography** 지리학
map	study of land		[dʒiˈɒgrəfi] 명사
		earth science	

		simple mathematics	**arithmetic** 산수, 셈
counting	basic maths		[əˈrɪθmətɪk] 명사
		calculation	

		working life	**career** 경력이 인정되는 직업
job	work		[kəˈrɪr] 명사
		vocation	

		annoying	**tiresome** 성가신 짜증스러운
unhappy	tiring		[ˈtaɪərsəm] 형용사
		wear you out	

		scan	**glance** 휙 보다, 흘낏 보다
look quickly	peek		[glæns] 동사
		glimpse	

		with one look	**at a glance** 즉시, 한눈에
at once	at first sight		

		tell the difference	**distinguish** 구별하다
know	understand A and B		[dɪ ˈstɪŋgwɪʃ] 동사
		recognize	

very important	useful	expensive	**valuable** 소중한, 귀중한 [væljuəbl] 형용사
		priceless	
worry	unease	anxiety	**concern** 우려하다 염려하다 [- sɜːrn] 동사
		apprehension	
end	result	effect	**consequence** (발생한 일의)결과 [ˈkɑːnsəkwens] 명사
		outcome	
important things	serious work	significant work	**matter of consequence** 중요한 일
friendly	closely	personally	**intimately** 친밀히, 가까이 [intəmətli] 부사
better	upgrade	advance	**improve** 개선되다, 나아가다 [ɪmˈpruːv] 동사
		enhance	
test	research	discover	**experiment** (과학적인)실험 [ɪkˈsperɪmənt] 명사
		scientific test	

| wise | have good sense | logical | **sensible**
분별있는, 합리적인 |
| | | reasonable | [ˈsensəbl] 형용사 |

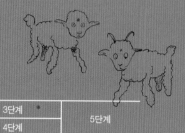

1단계	2단계	3단계	5단계
		4단계	

engineer	repairman	repairing engines	**mechanic** 정비공 [məˈkænɪk] 명사
person	traveller		**passenger** 승객 [ˈpæsɪndʒə(r)] 명사
try	try to do	challenge trying something difficult	**attempt** (힘든일을) 시도하다 [əˈtempt] 동사
only just	hardly	almost not barely	**scarcely** 겨우, 간신히 [ˈskeəsli] 부사
home	living place	residence	**habitation** 거주, 주거 [ˌhæbɪ teɪʃn] 명사

| lonely | there is no one | far from town | **isolated**
외딴, 고립된
[ˈaɪsəleɪtɪd] 형용사 |
| | | alone | |

| broken | destroyed | destroyed ship | **shipwrecked**
난파한
[ˈʃɪprèkt] 형용사 |
| | | sunken ship | |

| boat | life boat | floating platform | **raft**
뗏목, 고무 보트
[ræft] 명사 |

| sea | the deep | a very large area
of sea | **ocean**
대양, 심해
[ˈoʊʃn] 명사 |

| strange | unusual | different | **odd**
이상한, 특이한
[ɑːd] 형용사 |
| | | unexpected | |

| very
surprised | shocked | amazed | **thunderstruck**
극도로 놀란
[ˈθʌndəstrʌk]
형용사 |
| | | astonished | |

| not
normal | amazing | strange and
wonderful | **extraordinary**
기이한, 놀라운
[ɪkˈstrɔːrdəneri]
형용사 |
| | | out of the ordinary | |

picture	image	painting of a person	**portrait** 초상화, 인물사진 [ˈpɔːrtrət] 명사
lovely	sweet	pleasant attractive	**charming** 매력적인, 멋진 [ˈtʃɑːrmɪŋ] 형용사
job	work	working life vocation	**career** 경력이 인정되는 직업 [kəˈrɪr] 명사
look	keep looking	eyes fixed gaze	**stare** 빤히 쳐다보다 응시하다 [ster] 동사
ghost	spirit	illusion phantom	**apparition** 유령 [ˌæpəˈrɪʃn] 명사
quite	somewhat	rather more than average, but less than very	**fairly** 상당히, 꽤 [ˈferli] 부사
surprise	great surprise	very great surprise amazement	**astonishment** 깜짝 놀람 크게 놀람 [əˈstɒnɪʃmənt] 명사

lived in	settled	occupied	**inhabited** (사람이) 사는 (동물이) 서식하는 [ɪnˈhæbɪtɪd] 형용사
		populated	
place	area	zone	**region** 지방, 지역 [ˈriːdʒən] 명사
		location	
tired	tiredness	extreme tiredness	**fatigue** 피로 [fəˈtiːg] 명사
		exhaustion	
feeling weak	feeling dizzy	passing out	**fainting** 기절, 졸도 [féintiŋ] 명사
		losing consciousness	
weak	soft	very little	**faint** (빛, 소리, 냄새 등이) 희미한, 약한 [feɪnt] 형용사
		slight	
end	result	effect	**consequence** (발생한 일의) 결과 [ˈkɑːnsəkwens] 명사
		outcome	
important things	serious matter	important matter	**matter of consequence** 중요한 일
		significant matter	

crazy	stupid	silly ridiculous	**absurd** 터무니없는 우스꽝스러운 [əbˈsɜːrd] 형용사
spring water	opposite of waterfall	stream gush	**fountain** 분수 [ˈfaʊntn] 명사
pen	ink-pen	writing material	**fountain-pen** 만년필 명사
map	study of land	study of the earth earth science	**geography** 지리학 [dʒiˈɒɡrəfi] 명사
counting	basic maths	simple mathematics calculation	**arithmetic** 산수, 셈 [əˈrɪθmətɪk] 명사
boy	man	fellow guy	**chap** 녀석, 친구 [tʃæp] 명사
welcome	say 'Hello'	shake hands receive	**greet** 환영하다 [griːt] 동사

heavy	large	huge	**cumbersome**
			크고 무거운
		bulky	다루기 힘든
			[kʌmbəsəm] 형용사

kindly	gently	tolerant	**indulgent**
			관대한, 너그러운
		permissive	[ɪnˈdʌldʒənt] 형용사

throw	chuck	hurl	**toss**
			(가볍게) 던지다
		fling	[tɔːs] 동사

| quickly make | produce | come up with | **toss ~ off** |
| | | | ~을 단숨에 만들어 내다 |

new friend	casual friend	someone know	**acquaintance**
			안면이 있는 사람
			[əˈkweɪntəns] 명사

The Little Prince
CHAPTER 3

1단계	2단계	3단계	5단계
		4단계	

| open | show | make known | **reveal**
드러내다, 밝히다 |
| | | unveil | [rɪˈviːl] 동사 |

| example | case | event | **instance**
사례, 경우 |
| | | particular situation | [ɪnstəns] 명사 |

| not easy | difficult | complex | **complicate**
복잡하게 만들다 |
| | | puzzle | [ˈkɒmplɪkeɪt] 동사 |

| softly | simply | humbly | **modestly**
겸손하게, 얌전하게 |
| | | | [mɑ́dıstli] 부사 |

| sound | loud | roar | **peal**
큰 소리 |
| | | resounding | [piːl] 명사 |

upset	bother	displease	**irritate** 짜증나게 하다 거슬리다 [ˈɪrɪteɪt] 동사
		annoy	
bad luck	unlucky event	disaster	**misfortune** 불운, 불행 [ˌmɪsˈfɔːtʃuːn] 동사
light	dim light	flash	**gleam** 어슴푸레 빛나다 [gliːm] 동사
		ray	
impossible	hard to understand	puzzling	**impenetrable** 이해할 수 없는 [ɪmˈpenɪtrəbl] 형용사
		incomprehensible	
ask	question	ask strongly	**demand** 요구하다 강력히 묻다 [dɪˈmænd] 동사
		request	
suddenly	hurried	unexpected	**abruptly** 갑자기, 불쑥 [əbrʌ́ptli] 부사
		unpleasantly	
dream	daydream	fantasy	**reverie** 몽상 [ˈrevəri] 명사
		castles in the air	

deep thought	meditation	ponder	**contemplation** 사색, 명상 [ˌkɒntəmˈpleɪ[n] 명사
		reflection	
interest	wish to know	desire to know	**curiosity** 호기심 [ˌkjʊəriˈɒsəti] 명사
awaken	bring about	kindle	**arouse** (느낌,태도를) 불러 일으키다 [əˈraʊz] 동사
		rouse	
trust	belief	faith	**confidence** 신뢰 [ˈkɒnfɪdəns] 명사
thoughtful	thinking deeply	meditative	**reflective** 사색적인 [rɪˈflektɪv] 형용사
		contemplative	
rope	line	wire	**string** (꽈서 만든) 끈, 줄 [strɪŋ] 명사
		thin rope made by twisting	
strange	crazy	unusual	**queer** 괴상한, 기묘한 [kwɪə(r)] 형용사
		odd	

seriously	thoughtfully	truly	**earnestly**
			진정으로, 진지하게
		sincerely	[ə́ːrnistli] 부사

| 1단계 | 2단계 | 3단계 | 5단계 |
| | | 4단계 | |

| so | therefore | in this way | **thus**
이렇게 하여
이와 같이
[ðʌs] 부사 |
| | | hence | |

| lens | spyglass | look closer and larger | **telescope**
망원경
[ˈtelɪskəʊp] 명사 |
| | | combination of lenses | |

| scientist | space scientist | star-gazer | **astronomer**
천문학자
[əˈstrɒnəmə(r)] 명사 |

| find | find out | uncover | **discover**
(존재를)발견하다
[dɪˈskʌvə(r)] 동사 |
| | | to notice | |

| star | planet | small planet | **asteroid**
소행성
[ˈæstərɔɪd] 명사 |
| | | minor planct | |

show	demo	presentation	**demonstration** (사용법에 대한) 설명 [ˌdemənˈstreɪʃn] 명사
dress	clothes	attire outfit	**costume** 의상, 복장 [ˈkɑːstuːm] 명사
name	image	fame influence	**reputation** 평판, 명성 [ˌrepjuˈteɪʃn] 명사
boss	ruler	absolute ruler autocrat	**dictator** 독재자 [ˈdɪkteɪtər] 명사
people	citizen	nation	**subject** 국민, 신하 [ˈsʌbdʒɪkt] 명사
special	powerful	dramatic majestic	**impressive** 인상적인 인상깊은 [ɪmˈpresɪv] 형용사
beauty	grace	charm class	**elegance** 우아, 고상, 기품 [êligəns(i)] 명사

necessary	needed	can't live without	**essential**
			필수적인
		extremely important	극히 중요한
			[ɪˈsenʃl] 형용사

number	amount	quantity	**figure**
			수치, 숫자
		digit	[ˈfɪɡjər] 명사

stone	block	building block	**brick**
			벽돌
			[brɪk] 명사

flower	plant	plant with red, pink flowers	**geraniums**
			제라늄 꽃
			[dʒəˈreɪniəm] 명사

shout	cry out	yell	**exclaim**
			소리치다, 외치다
		suddenly shout	[ɪkˈskleɪm] 동사

fact	showing truth	evidence	**proof**
			증거(물), 증명(서)
		attest	[pruːf] 명사

gesture	body language	expression	**shrug**
			어깨를 으쓱하다
		shoulder up and down	[[rʌɡ] 동사

think	consider	handle	**treat** 대하다, 취급하다 [triːt] 동사
		deal with	
make understand	satisfy	persuade	**convince** 납득시키다 [kənˈvɪns] 동사
self- control	patience	endurance	**forbearance** 관용 [fɔːˈbeərəns] 명사
		tolerance	
hurt	be in pain	undergo	**suffer** 시달리다, 고통받다 [ˈsʌfə(r)] 동사
		hardship	
unhappiness	sadness	very great sadness	**grief** (죽음으로 인한) 비탄 [griːf] 명사
		heart break	
plan	reason	aim	**purpose** (이뤄야 할)목적 [ˈpɜːrpəs] 명사
		intention	
surely	definitely	absolutely	**certainly** 틀림없이, 분명히 [ˈsɜːrtnli] 부사
		without a doubt	

picture	image	painting of a person	**portrait** 초상화, 인물사진 [ˈpɔːrtrət] 명사
looks alike	likeness	similarity	**resemblance** 닮음, 비슷함 [rɪˈzembləns] 명사
		closeness	
find	search by feeling	search with hands	**fumble** 더듬거리다 [ˈfʌmbl] 동사
		clumsy	
ah!	oh!	sadly	**alas** (슬픔의) 아아 [əˈlæs] 감탄사
		sad about something	

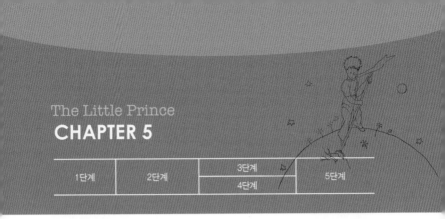

The Little Prince
CHAPTER 5

| 1단계 | 2단계 | 3단계 | 5단계 |
| | | 4단계 | |

trip	long trip	travel	**journey** (장거리) 여행 [dʒɜːni] 명사
trouble	bad situation	accident disaster	**catastrophe** 참사, 재앙 [kə tæstrəfi] 명사
catch	take hold	grab grip	**seize** (꽉)붙잡다 움켜잡다 [siːz] 동사
different	opposite	reverse	**contrary** ~와는 다른 [kɑːntreri] 형용사
but	on the opposite	on the other hand in contrast	**on the contrary** 그와는 반대로

group	animals group	flock	**herd** (짐승) 떼, 무리 [hɜːrd] 명사
		large group of animals	
surely	certainly	exactly	**strictly** 엄격히, 엄하게 [strɪktli] 부사
		definitely	
clear	understandable	obvious	**self-evident** 자명한 설명할 필요 없는 [self-ˈevɪdənt] 형용사
		plain	
force	force to act	require	**oblige** 부득이 ~하게 하다 [əˈblaɪdʒ] 동사
		compel	
help	support	backing	**assistance** 도움, 원조, 지원 [əˈsɪstəns] 명사
		aid	
truly	actually	certainly	**indeed** 정말, 확실히 [ɪnˈdiːd] 부사
		definitely	
end	result	effect	**consequence** (발생한 일의) 결과 [ˈkɑːnsəkwens] 명사
		outcome	

important things	serious work	significant work	matter of consequence 중요한 일
extend	spread	unfold	stretch 늘이다, 늘어지다 [stretʃ] 동사
shyly	fearfully	nervously lack of confidence	timidly 겁많게, 소극적으로 [ˈtɪmɪdli] 부사
no danger	harmless	no offense	inoffensively 해롭지 않게 악의 없이 [ˌɪnəˈfensɪvli] 부사
grow	new leaves	seed → buds germinate	sprout 싹이 나다 [spraʊt] 동사
know	see	identify notice	recognize (누구, 무엇인지) 알아보다 [ˈrekəgnaɪz] 동사
land	ground	dust earth	soil 토양, 흙 [sɔɪl] 명사

too much	crowd	overrun	**infest**
			우글거리다
			들끓다
		abound	[ɪnˈfest] 동사

open	cover	expand	**spread**
			펼치다, 펴다
		increasing area	[spred] 동사

break	tear	divide	**split**
			분열되다
			의견이 갈리다
		crack	[splɪt] 동사

rule	practice	habit	**discipline**
			규율
		training	[ˈdɪsəplɪn] 명사

daily	usually	often	**regularly**
			정기적으로
			규칙적으로
		routinely	[ˈreɡjələli] 부사

know	figure out	understand the difference	**distinguish**
			구별하다
		recognize	[dɪˈstɪŋɡwɪʃ] 동사

copy	look like	similar	**resemble**
			닮다, 비슷하다
		be like someone	[rɪˈzembl] 동사

boring	not interesting	dull tiresome	**tedious** 지루한, 싫증나는 [ˈtiːdiəs] 형용사
ignore	overlook	leave alone	**neglect** 방치하다 [nɪˈglekt] 동사
large	great	very much sizable	**considerable** 상당한, 많은 [kənˈsɪdərəbl] 형용사
avoid	skip	ignore bypass	**skirt** 언급을 피하다 둘러가다 [skɜːrt] 동사
special	powerful	dramatic majestic	**impressive** 인상적인 인상깊은 [ɪmˈpresɪv] 형용사
exciting	uplifting	encouraging stirring	**inspiring** 격려하는, 고무하는 [ɪnˈspaɪərɪŋ] 형용사
important	serious	immediate crucial	**urgent** 긴급한, 다급한 [ˈɜːrdʒ-] 형용사

The Little Prince
CHAPTER 6

1단계	2단계	3단계	5단계
		4단계	

fun	game	enjoyment	**entertainment** 오락, 여흥 [ˌentəˈteɪnmənt] 명사

joy	delight	happiness amusement	**pleasure** 기쁨, 즐거움 [ˈpleʒə(r)] 명사

liking	loving	tender affectionate	**fond** 애정을 느끼는 [fɑːnd] 형용사

evening	sunset	nightfall dusk	**twilight** 해질녘, 땅거미 [ˈtwaɪlaɪt] 명사

The Little Prince
CHAPTER 7

1단계	2단계	3단계	5단계
		4단계	

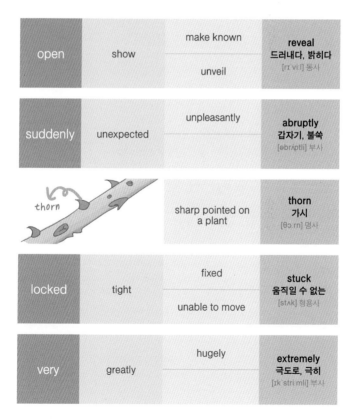

| open | show | make known | **reveal**
드러내다, 밝히다
[rɪ víːl] 동사 |
| | | unveil | |

| suddenly | unexpected | unpleasantly | **abruptly**
갑자기, 불쑥
[əbrʌ́ptli] 부사 |

| thorn | | sharp pointed on a plant | **thorn**
가시
[θɔːrn] 명사 |

| locked | tight | fixed | **stuck**
움직일 수 없는
[stʌk] 형용사 |
| | | unable to move | |

| very | greatly | hugely | **extremely**
극도로, 극히
[ɪk strí mli] 부사 |

| anger | fury | rage | **resentfulness**
분개함 |
| | | wrath | [rɪˈzentflnɪs] 명사 |

| being | animal, person | living thing | **creature**
생물 |
| | | | [ˈkriːtʃə(r)] 명사 |

| simple | childlike | artless | **naive**
순진한
순진해 빠진 |
| | | innocent | [naɪˈiːv] 형용사 |

| relax | calm down | comfort | **reassure**
안심시키다 |
| | | stop worrying | [ˌriːəˈʃʊər] 동사 |

| stop | cut off | interrupt | **disturb**
방해하다 |
| | | annoy | [dɪˈstɜːb] 동사 |

| oil | fat | thick oil | **grease**
기름, 윤활유 |
| | | | [griːs] 명사 |

| sorry | embarrassed | feeling guilty | **ashamed**
부끄러운 |
| | | | [əˈʃeɪmd] 형용사 |

non stop	without stopping	continuously	**relentlessly** 가차없이, 계속 [rɪˈlentləsli] 부사
air	wind	light wind / gentle wind	**breeze** 미풍, 산들바람 [briːz] 명사
bigger	larger	rounder / expand	**swell** 부풀다 부어오르다 [swel] 동사
anger	strong anger	extreme anger / fury	**rage** 격렬한 분노 [reɪdʒ] 명사
battle	war	combat / clash	**warfare** 전투 [ˈwɔːrfer] 명사
total	amount	calculation	**sum** 계산, 합계 [sʌm] 명사
different	unusual	special / uncommon	**unique** 독특한 [juːˈniːk] 형용사

stop breathing	can't breathe	congest	**choke** 숨이 막히다 [tʃouk] 동사
cry hard	weep	cry noisily cry one's eyes out	**sob** 흐느껴 울다 [saːb] 동사
move	shake	swing sway	**rock** (부드럽게) 흔들다 [raːk] 동사
mask	cover	mask for animal	**muzzle** 입마개 [ˈmʌzl] 명사
fence	bar	barrier guard rail	**railing** 철책, 울타리 [ˈreɪlɪŋ] 명사
mistake	error	fault mess up	**blundering** 실수하는 [blʌ́ndəriŋ] 형용사

1단계	2단계	3단계	5단계
		4단계	

part of a flower				**petal** 꽃잎 [petl] 명사

petal

come out	show up	come into sight	**appear** 나타나다 [əˈpɪr] 동사
		emerge	

disappear	disappear slowly	dissolve	**fade** 서서히 사라지다 [feɪd] 동사
		dim	

little tree	bush	plant	**shrub** 관목 [ʃrʌb] 명사

look	outside	image	**appearance** 겉모습, 외모 [əˈpɪərəns] 명사
		outward	

baby flower		 bud	**bud** 꽃봉오리 [bʌd] 명사
wonderful	amazing	awesome	**miraculous** 기적적인 [mɪˈrækjələs] 형용사
		like a miracle	
come out	show up	come into sight	**emerge** 나오다 모습을 드러내다 [iˈmɜːdʒ] 동사
		appear	
good	happy	got what you wanted	**satisfied** 만족하는 [ˈsætɪsfaɪd] 형용사
ready	plan	arrangement	**preparation** 준비 [ˌprepəˈreɪʃn] 명사
		readiness	
space	room	hollow	**chamber** 밀폐된 공간 ~실 [ˈtʃeɪmbə(r)] 명사
		hollow place inside a plant	
change	fix	adapt	**adjust** 조정하다 [əˈdʒʌst] 동사
		modify	

| crush | wrinkle | crinkle | **rumpled**
구겨진
[rʌmpəld] 형용사 |
| | | crease | |

| flower | drug | opium | **poppy**
양귀비
[ˈpɑːpi] 명사 |

| happiness | beauty | light | **radiance**
(얼굴의) 광채
[ˈreɪdiəns] 명사 |
| | | bright face | |

| beauty | charming | attractive | **coquettish**
요염한
[koukétiʃ] 형용사 |
| | | flirtatious | |

| makeup | decoration | making look good | **adornment**
꾸미기, 장식
[ədɔ́ːrnmənt] 명사 |

| careful | very careful | thorough | **painstaking**
공들인
[ˈpeɪnzteɪkɪŋ] 형용사 |
| | | a lot of effort | |

| exactly | detail | accuracy | **precision**
정밀, 신중함
[prɪˈsɪʒn] 명사 |
| | | carefulness | |

sleepy	tired or bored	open mouth wide	**yawn** 하품하다 [jɔ:n] 동사

control	keep down	keep under control confine	**restrain** (감정을) 억누르다 [rɪ streɪn] 동사

respect	praise	regard adoration	**admiration** 감탄, 존경 [ˌædməˈreɪʃn] 명사

not strong	simple	humble humility	**modest** 겸손 [ˈmɒdɪst] 명사

ashamed	confused	embarrassed	**abashed** 창피한, 겸연쩍은 [ə bæʃt] 형용사

feed	take care	look after watch	**tend** 돌보다 [tend] 동사

hurt	bother	torture mistreat	**torment** 괴롭히다 고통을 주다 [tɔ: ment] 동사

pride	selfish	self-love	**vanity** 자만심, 허영심 [ˈvænəti] 명사
		conceit	
example	case	for example = for instance	**instance** 사례, 경우 [ˈɪnstəns] 명사
grass	plant	wild plant	**weed** 잡초 [wiːd] 명사
		herb	
wind	breeze	cold air	**draft** 냉기 [dræft] 명사
stop	cut off	break	**interrupt** 방해하다 [ˌɪntəˈrʌpt] 동사
		disturb	
almost	close to	going to do it very soon	**on the verge of** 막 ~ 하려는 [vɜːrdʒ]
must	no choice	obligate	**force** 억지로 ~ 하다 [fɔːrs] 동사

sorry	sorrow	regret	**remorse** 후회 [rɪ mɔːrs] 명사
		guilt	

together	as one	connected	**inseparable** 분리할 수 없는 [ɪn seprəbl] 형용사
		indivisible	

tell	confess	open one's heart	**confide** (비밀을)털어놓다 [kən faɪd] 동사
		tell a secret	

keep	hide	secret	**confidence** (누구에게 털어 놓는)비밀 [kɒnfɪdəns] 명사
		secret that you tell someone	

smell	aroma	sweet smell	**fragrance** 향기 [freɪɡrəns] 명사
		scent	

kindness	gentleness	warmth	**tenderness** 상냥함, 친절 [téndərnis] 명사
		affection	

feel sorry	mercy	sympathy	**pity** 연민, 불쌍히 여김 [pɪti]명사
		compassion	

action	doing	performance	**deed** 행위, 행동
		accomplishment	[di.d] 명사

happiness	beauty	light	**radiance** (얼굴의) 광채
		bright face	[ˈreɪdiəns] 명사

love	care	fondness	**affection** 애정
		tenderness	[əˈfekʃn] 명사

trick	trap	ploy	**stratagem** 속임수, 책략
		deceit	[ˈstrætədʒəm] 명사

yes but no	contrary	uncertain	**inconsistent** 모순되는
		always changing	[ˌɪnkənˈsɪstənt] 형용사

1단계	2단계	3단계	5단계
		4단계	

to make good use of		to use the good things in a situation	**take advantage of** ~을 이용하다 [əd ˈvɑːntɪdʒ]
moving	movement	travelling	**migration** 이주, 이동 [maɪˈɡreɪʃn] 명사
		journey	
group	crowd	a group of sheep, goat, birds	**flock** 떼, 무리 [flɑːk] 명사
easy	handy	user-friendly	**convenient** 편리한, 간편한 [kənˈviːniənt] 형용사
		comfortable	
closed	ended	dead and gone	**extinct** 활동을 멈춘 [ɪkˈstɪŋkt] 형용사
		no longer active	

burning rocks	volcano	explosion blast	**eruption** 폭발, 분화 [irʌpʃən] 명사
fireplace	pipe	Santa's gate vent	**chimney** 굴뚝 [tʃɪmni] 명사
clearly	certainly	definitely	**obviously** 확실히 [ɒbviəsli] 부사
unhappy	sadness	disappointment depression	**dejection** 낙담 [dɪ dʒekʃn] 명사
well-known	easy to recognize	everyday usual	**familiar** 익숙한 [fə mɪliə(r)] 형용사
cover	refuge	safety protection from bad weather	**shelter** 대피소 [ʃeltə(r)] 명사
foolish	stupid	childish pointless	**silly** 어리석은 [sɪli] 형용사

nothing	lack	not existing	**absence** 없음 [ˈæbsəns] 명사
blame	criticism	rebuke scold	**reproaches** 비난, 책망 [rɪˈprəʊtʃ] 명사
confused	puzzled	uncertain dazed	**bewildered** 어리둥절한 [bɪˈwɪldərd] 형용사
bear	face	undergo withstand	**endure** 견디다 [ɪnˈdjʊə(r)] 동사
worm	larva	larva of butterfly	**caterpillar** 애벌레 [ˈkætəpɪlə(r)] 명사
tell	know	notify inform	**acquaint** 익히다 [əˈkweɪnt] 동사
stay	remain	stick around take a long time to leave	**linger** 서성대다 [lɪŋɡər] 동사

1단계	2단계	3단계	5단계
		4단계	

| star | planet | small planet | **asteroid**
소행성
[ǽstərɔ̀id] 명사 |
| | | minor planet | |

| live | occupy | settle | **inhabit**
살다, 거주하다
[in hǽbit] 동사 |
| | | dwell | |

| great | grand | splendid | **royal**
성대한
[rɔ́iəl] 형용사 |
| | | magnificent | |

| wool skin | fur | white winter fur | **ermine**
흰담비 모피
[ə́ːrmin] 명사 |

| chair | special chair | king's chair | **throne**
왕좌
[θroun] 명사 |
| | | chair of royalty | |

| great | grand | splendid | **majestic**
장엄한 |
| | | magnificent | [mə dʒestɪk] 형용사 |

| know | see | identify | **recognize**
(누구, 무엇인지)
알아보다 |
| | | notice | [ˈrekəgnaɪz] 동사 |

| come | come near | reach | **approach**
접근하다 |
| | | contact | [ə proutʃ] 동사 |

| powerfully | strongly | extremely | **consumingly**
격렬하게 |
| | | intensely | [kənsú minli] 부사 |

| full | whole | complete | **entire**
전체의 |
| | | | [ɪn ˈtaɪə(r)] 형용사 |

| very full | filled with | pack | **crammed**
가득 찬 |
| | | loaded | [kræmd] 형용사 |

| stop | block | prevent | **obstruct**
가로막다 |
| | | | [əb strʌkt] 동사 |

| different | opposite | reverse | **contrary**
~와는 다른
[ˈkɑːntreri] 형용사 |
| | | | |

| manner | good attitude | good behavior | **etiquette**
예의, 에티켓
[ˈetɪket;-kət] 명사 |
| | | courtesy | |

| king | queen | emperor | **monarch**
군주
[ˈmɒnək] 명사 |
| | | ruler | |

| very | fully | completely | **thoroughly**
완전히
[ˈθʌrəli] 부사 |
| | | | |

| feel worried | confuse | nervous | **embarrass**
당황하게 만들다
[ɪmˈbærəs] 동사 |
| | | ashamed | |

| volume down | whisper | say quietly | **murmured**
속삭이다
[ˈmɜːmə(r)] 동사 |
| | | mumble | |

| ashamed | confused | embarrassed | **abashed**
창피한
[əˈbæʃt] 형용사 |
| | | | |

say	say quickly	say in a hurry	**sputter** 잽싸게 말하다 [ˈspʌtə(r)] 동사
		spit	
confused	annoy	irritative	**vexed** 짜증난 [vekst] 형용사
		displease	
basically	mostly	essentially	**fundamentally** 근본적으로 [ˌfʌndə'mentəli] 부사
		originally	
accept	allow	permit	**tolerate** 용인하다 [ˈtɒləreɪt] 동사
		endure	
shy	weak	not brave	**timid** 소심한 [ˈtɪmɪd] 형용사
		nervous	
asking	question	request	**inquiry** 질문, 문의 [inkwáiəri] 명사
		survey	
hurry	speedy	more quickly	**hasten** 서두르다 [ˈheɪsn] 동사
		speed up	

sure	certain	make sure	**assure** 확신시키다 [əʃuːr] 동사
		make certain	
easy	ease	easy to do	**simplicity** 단순, 간단 [sɪmˈplɪsəti] 명사
		clarity	
accept	allow	tolerate	**permit** 허락하다 [pəˈmɪt] 동사
		consent	
No!	refuse	reject(ion)	**insubordination** 불복종, 반항 [ˌɪnsəbɔːdɪˈneɪʃn] 명사
		disobedience	
wonder	surprise	great surprise	**marvel** 경이로워하다 [ˈmɑːrvl] 동사
leave	abandon	desert	**forsake** ~을 저버리다 [fəˈseɪk] 동사
		leave behind	
pull	remove	pick	**pluck** 뽑다 [plʌk] 동사
		yank	

cheer up	encourage	bravely	**pluck up one's courage** 용기를 돋우다
		muster up	
very sad	extremely sad	awful	**tragic** 비극적인 [ˈtrædʒɪk] 형용사
		someone has died	
surely	certainly	strongly	**firmly** 단호히 [ˈfɜːmli] 부사
		tightly	
need	want	necessary	**require** 필요하다 [rɪˈkwaɪə(r)] 동사
sudden change	strike	revolt	**revolution** 혁명 [ˌrevəˈluːʃn] 명사
		uprising	
good	timely	supportive	**favorable** 좋은, 호의적인 [féivərəbl] 형용사
		positive	
look	consider	turn to	**consult** 찾아보다 상담하다 [kənsʌlt] 동사
		seek counsel	

heavy	large	huge	**bulky** 부피가 큰 [ˈbʌlki] 형용사

yearbook	annual report	every year information	**almanac** 연감, 천체력 [ˈɔːlmənæk] 명사

cart	wagon	vehicle coach	**carriage** 마차, 객차 [ˈkærɪdʒ] 명사

look quickly	peek	scan glimpse	**glance** 휙 보다 흘낏 보다 [glæns] 동사

truly	actually	certainly definitely	**indeed** 정말, 확실히 [ɪnˈdiːd] 부사

judge	criticize	punish convict	**condemn** 선고를 내리다 [kənˈdem] 동사

time	moment	particular time incident	**occasion** 때 [əˈkeɪʒn] 명사

quickly	speedily	rapidly	**promptly** 즉시 [ˈprɒmptli] 부사
		immediately	

wait	delay	pause	**hesitate** 망설이다 [ˈhezɪteɪt] 동사
		not sure	

The Little Prince
CHAPTER 11

1단계	2단계	3단계	5단계
		4단계	

self-love	big pride	big-headed / vanity	**conceited** 자만한 [kənˈsiːtɪd] 형용사
fan	supporter	follower / worshiper	**admirer** 찬미하는 사람 [ədˈmaɪərə(r)] 명사
strange	odd	crazy / unusual	**queer** 괴상한 [kwɪə(r)] 형용사
greet	welcome	honor / show respect	**salute** 경례하다 [səˈluːt] 동사
clap	praise	cheer / give approval	**acclaim** 환호를 보내다 [əˈkleɪm] 동사

simple	dull	routine	**monotony** 단조로움 [məˈnɒtəni] 명사
		boredom	
smart	wise	creative	**intelligent** 총명한 [ɪnˈtelɪdʒənt] 형용사
		clever	
gesture	body language	expression	**shrug** 어깨를 으쓱하다 [ʃrʌg] 동사
		shoulder up and down	
a little	a bit	kind of	**slightly** 약간, 조금 [ˈslaɪtli] 부사
		somewhat	

1단계	2단계	3단계	5단계
		4단계	

| drunk | alcoholic | drunkard | **tippler** 술꾼 [tiplər] 명사 |
| | | boozer | |

| fall | dive | fast fall | **plunge** 급락하다 빠져들다 [plʌndʒ] 동사 |
| | | drop | |

| sadness | sorrow | depression | **dejection** 우울, 낙담 [dɪˈdʒekʃn] 동사 |
| | | gloom | |

| sad | sorrowful | gloomy | **lugubrious** 침울한 [ləˈguːbriəs] 형용사 |
| | | mournful | |

| admit | acknowledge | confirm | **confess** 자백하다 [kənˈfes] 동사 |
| | | reveal | |

strong	firm	solid	impregnable
		unshakeable	확고한
			[ɪmˈpregnəbl] 형용사

1단계	2단계	3단계	5단계
		4단계	

		anxiety	**concern** 우려하다 염려하다 [-ˈsɜːrn] 동사
worry	unease	apprehension	

		effect	**consequence** (발생한 일의) 결과 [ˈkɑːnsəkwens] 명사
end	result	outcome	

		significant work	**matter of consequence** 중요한 일 주요한 사항
important things	serious work		

		bull	**balderdash** 허튼소리 [ˈbɔːldərdæʃ] 명사
nonsense	stupid		

		woozy	**giddy** 어지러운 [ˈgɪdi] 형용사
dizzy	silly	gaga	

very bad	awful	terrible	**frightful** 끔찍한 [ˈfraɪtfl] 형용사
		dreadful	
sound	ring	echo	**resound** 울려퍼지다 [rɪˈzaʊnd] 동사
		resonate	
muscles pain	joints pain	stiffness	**rheumatism** 류마티즘 [ˈruːmətɪzəm] 명사
		physical illness	
idle	lazy	loll	**loafing** 빈둥거리다 [loʊf] 동사
		doing nothing useful	
correct	exact	perfect	**accurate** 정확한 [ˈækjərət] 형용사
		without error	
answer	snappy answer	reply angrily	**retort** 반박하다 [rɪˈtɔːrt] 동사
		come back	
angry	irritable	bad-tempered	**peevish** 짜증을 내는 [ˈpiːvɪʃ] 형용사
		easily annoyed	

pull	remove	pick	**pluck** 뽑다 [plʌk] 동사
		yank	

closed	ended	dead and gone	**extinct** 활동을 멈춘 [ɪkˈstɪŋkt] 형용사
		no longer active	

not normal	amazing	strange and wonderful	**extraordinary** 기이한, 놀라운 [ɪkˈstrɔːrdəneri] 형용사
		not ordinary	

1단계	2단계	3단계	5단계
		4단계	

| crazy | stupid | silly | **absurd**
터무니없는
[əbˈsɜːrd] 형용사 |
| | | ridiculous | |

| self-love | big pride | big-headed | **conceited**
자만한
[kənˈsiːtɪd] 형용사 |
| | | vanity | |

| drunk | alcoholic | drunkard | **tippler**
술꾼
[tiplər] 명사 |
| | | boozer | |

| greet | welcome | honor | **salute**
경례하다
[səˈluːt] 동사 |
| | | show respect | |

| painted | dress up | make up | **decorated**
장식된
[dékərèitid] 형용사 |
| | | make attractive | |

shock	disaster	misfortune	**tragedy** 비극 [trædʒədi] 명사
fast	speedily	very quickly promptly	**rapidly** 빨리 [ræpidli] 부사
just	only	a little not large	**merely** 단지 [mɪrli] 부사
step	walking	march stomp	**stride** 걸음 [straɪd] 명사
stupid	funny	foolish absurd	**ridiculous** 터무니없는 [rɪ'dɪkjələs] 형용사
sorry	sadness of mistake	upset over past action grieve	**regret** 후회하다 [rɪ'gret] 동사
truly	actually	certainly definitely	**indeed** 정말, 확실히 [ɪn'diːd] 부사

admit	acknowledge	confirm	confess 자백하다 [kən'fes] 동사
		reveal	

1단계	2단계	3단계	5단계
		4단계	

| big | great size | numerous | **voluminous**
방대한
[vəˈluː.mɪnəs] 형용사 |
| | | extensive | |

| traveler | adventurer | pioneer | **explorer**
탐험가
[ɪkˈsplɔː.rə(r)] 명사 |
| | | pathfinder | |

| breathe | breathe quickly | gasp | **pant**
헐떡이다
[pænt] 동사 |
| | | puff | |

| scientist | earth scientist | | **geographer**
지리학자
[dʒiˈɒɡrəfə(r)] 명사 |

| place | area | position | **location**
장소
[ləʊˈkeɪ[n] 명사 |
| | | site | |

| look | look quickly | glance | **cast a look** 힐끗 보다 [kæst] |
| | | peek | |

| idle | lazy | loll | **loafing** 빈둥거리다 [louf] 동사 |
| | | doing nothing useful | |

| remember | remind | bring to memory | **recall** 기억하다 [rɪˈkɔːl] 동사 |

| asking | question | request | **inquiry** 질문, 문의 [inkwáiəri] 명사 |
| | | survey | |

| honest | ethical | standard of good | **moral** 도덕의 [ˈmɔːr-] 형용사 |
| | | righteous | |

| drunk | drunken | tipsy | **intoxicated** 술취한 [ɪnˈtɒksɪkeɪtɪd] 형용사 |
| | | boozer | |

| affect | inspire | arouse | **stir** (감정을) 유발하다 [stɜː(r)] 동사 |
| | | stimulate | |

story	a long story	narrative	**recital**
		presentation	상세한 설명
			[rɪˈsaɪtl] 명사

give	supply	provide	**furnish**
		equip	제공하다
			[ˈfɜːrnɪʃ] 동사

data	clue	showing truth	**proof**
		evidence	증거물
			[pruːf] 명사

short-lived	a short life	fleeting	**ephemeral**
		brief	수명이 짧은
			[ɪˈfemərəl] 형용사

forever	endless	constant	**eternal**
		everlasting	영원한
			[ɪˈtɜːrnl] 형용사

stop	cut off	break	**interrupt**
		disturb	중단하다, 끊다
			[ˌɪntəˈrʌpt] 동사

name	image	famous	**reputation**
		influence	평판, 명성
			[ˌrepjuˈteɪʃn] 명사

The Little Prince
CHAPTER 16

1단계	2단계	3단계	5단계
		4단계	

		creativity	**invention** 발명품
creation	new design		[ɪnˈvenʃn] 명사
		gadget	

		one of the seven large land	**continent** 대륙
land	large land		[ˈkɒntɪnənt] 명사
		Earth	

		for real	**veritable** 진정한
true	actual		[ˈverɪtəbl] 형용사
		factual	

		impressive	**splendid** 화려한, 훌륭한
excellent	wonderful		[ˈsplendɪd] 형용사
		marvelous	

		display	**spectacle** 광경
event	sight		[ˈspektəkl] 명사
		scene	

control	manage	organize	**regulate** 조절하다 [ˈregjuleɪt] 동사
		adjust	
partner	co-worker	fellow worker	**colleague** 동료 [ˈkɒliːɡ] 명사
		ally	
hard work	labour	physically tired	**toil** 힘들게 일하다 [tɔɪl] 동사
		strive	

The Little Prince
CHAPTER 17

1단계	2단계	3단계	5단계
		4단계	

| hold | capture | take control | **occupy** 차지하다 [ˈɒkjupaɪ] 동사 |
| | | take up | |

| top part | layer | covering | **surface** 표면 [ˈsɜːrfɪs] 명사 |
| | | outer | |

| gathering | meeting | conference | **assembly** 집회 [əˈsembli] 명사 |
| | | crowd | |

| island | a small island | reef | **islet** 작은 섬 [ˈaɪlət] 명사 |
| | | isle | |

| help | suggest | recommend | **advise** 조언하다 충고하다 [ədˈvaɪz] 동사 |
| | | point out | |

love	love very much	admire	**adore** 아주 좋아하다 [əˈdɔː(r)] 동사
trust	belief	faith assurance	**confidence (in)** 신뢰 [ˈkɒnfɪdəns] 명사
ring	circle	loop braid	**coil** 고리 [kɔɪl] 명사
gentle	mannerly	politely	**courteously** 예의바르게 [kəˈrtiəsli] 부사
look	watch	stare a long look	**gaze** 응시하다 [geɪz] 동사
pure	honest	not guilty blameless	**innocent** 죄 없는, 순수한 [ˈɪnəsnt] 형용사
rock	very hard rock		**granite** 화강암 [ˈɡrænɪt] 명사

question	puzzle	mystery	riddle
		brain-teaser	수수께끼
			[ˈrɪdl] 명사

1단계	2단계	3단계	5단계
		4단계	

part of a flower		petal	**petal** 꽃잎 [petl] 명사

| useless | worthless | pointless | **no account** 시시한, 쓸모없는 [əˈkaunt] |

kindly	gently	mannerly	**politely** 공손히 [pəláitli] 부사
		respectfully	

trailer	house trailer	motor home	**caravan** 카라반, 이동주택 [ˈkærəvæn] 명사
		mobile home	

life	survival	reality	**existence** 생활 [ɪɡ zɪstəns] 명사
		presence	

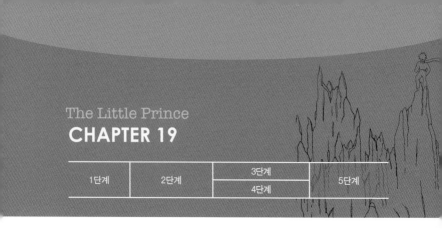

1단계	2단계	3단계	5단계
		4단계	

go up	move up	rise	**climb** 오르다 [klaɪm] 동사
		ascend	
look quickly	peek	scan	**glance** 획 보다, 흘깃 보다 [glæns] 동사
		glimpse	
top	highest	top of a mountain	**peaks** 산꼭대기, 절정 [piːk] 명사
		summit	
gentle	mannerly	politely	**courteously** 예의바르게 [kə́ːrtiəsli] 부사
too strong	hard	rough	**harsh** 거친, 가혹한 [hɑːrʃ] 형용사
		severe	

unfriendly	dangerous	harmful	forbidding
		frightening	험악한
			[fəˈbɪdɪŋ] 형용사

1단계	2단계	3단계	5단계
		4단계	

| house | living place | habitation | **abodes**
거주지
[əˈboud] 명사 |
| | | crib | |

| look | watch | stare | **gaze**
응시하다
[geɪz] 동사 |
| | | a long look | |

| upset | make angry | displease | **annoy**
짜증나다
[əˈnɔɪ] 동사 |
| | | irritate | |

| badly | extremely | horribly | **dreadfully**
몹시
[ˈdredfəli] 부사 |
| | | terribly | |

| fake | not true | bluff | **pretend**
척하다
[prɪˈtend] 동사 |
| | | put on | |

force	require	bind	**oblige** 의무적으로 ~하다 [əˈblaɪdʒ] 동사
		compel	
thought	meditation	consideration	**reflections** 반영된 생각 [rɪˈflekʃn] 명사
		observation	

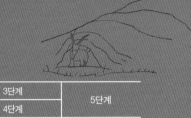

The Little Prince
CHAPTER 21

1단계	2단계	3단계	5단계
		4단계	

come out	show up	come into sight	**appear** **나타나다** [əˈpɪr] 동사
		emerge	
ask	suggest	offer	**propose** **제안하다** [prəˈpoʊz] 동사
		come up with	
not wild	make a friend	conquer	**tame** **길들이다** [teɪm] 동사
		subdue	
upset	worrying	nervous	**disturbing** **불안감을 주는** [dɪˈstɜːbɪŋ] 형용사
		alarming	
forget	ignore	not give enough care	**neglect** **소홀히 하다** [nɪˈglekt] 동사
		overlook	

		create	**establish** 수립하다
accept	set up	build	[ɪˈstæblɪʃ] 동사

		connection	**ties** 유대(관계)
relationship	friendship	bond	[taɪz] 명사

		complicate	**perplex** 당혹하게 하다
confuse	puzzle	dumbfound	[pərpléks] 동사

		dull	**monotonous** 단조로운
boring	simple	all the same	[mənɑ́tənəs] 형용사

		effect	**consequence** (발생한 일의) 결과
end	result	outcome	[ˈkɑːnsəkwens] 명사

		below the surface	**underneath** ~의 밑에
under	below	lower	[ˌʌndəˈniːθ] 전치사, 부사

		animal tunnel	**burrow** 굴, 은신처
hole	den	shelter	[ˈbɜːroʊ] 명사

there	over there	beyond	**yonder** 저기 있는 [ˈjɑːndə(r)] 한정사
space	length	gap / span	**distance** 거리 [ˈdɪstəns] 명사
keep	obey	follow / comply with	**observe** 지키다 [əbˈzɜːrv] 동사
right	fitting	good / suitable	**proper** 적절한 [ˈprɑːpə(r)] 형용사
celebration	ceremony	ritual	**rite** 의식 [raɪt] 명사
person	walker	pedestrian / stroller	**passerby** 지나가는 사람 [pæsərbái] 명사
protect	cover	hide / shield	**shelter** 막아주다 [ˈʃeltə(r)] 동사

worm	larva	larva of butterfly	**caterpillar** 애벌레 [ˈkætəpɪlə(r)] 명사
complain	moan	fuss carp	**grumble** 투덜거리다 [ˈɡrʌmbl] 동사
speak proudly	brag	flaunt gloat	**boast** 뽐내다 [boust] 동사
necessary	needed	can't live without extremely important	**essential** 필수적인 극히 중요한 [ɪˈsenʃl] 형용사
unseen	hidden	unseeable ghostly	**invisible** 보이지 않는 [ɪnˈvɪzəbl] 형용사

The Little Prince
CHAPTER 22

1단계	2단계	3단계	5단계
		4단계	

brightly	very bright	shining very strongly	**brilliantly** 번쩍하게 [briljəntli] 부사
		blazingly	
fast	high-speed	quick	**express** 급행의 [ɪk spres] 형용사
		rapid	
tiny house	room	hut	**cabin** 객실, 오두막 [ˈkæbɪn] 명사
		simple house made of wood	
shout	yell	rumble	**roar** 함성 [rɔː(r)] 명사
the front of a train	the engine of a train		**locomotive** 기관차 [ˌloukə moutiv] 명사

follow	chase	try to catch	**pursue** **뒤쫓다** [pərˈsuː] 동사
		seek	
thin	make thinner	compress	**flatten** **납작해지다** [ˈflætn] 동사
		deflate	
window	glass in a window		**windowpane** **창유리** [ˈwɪndəʊpeɪn] 명사
cloth	cotton	old cloth	**rag** **누더기, 헝겊** [ræg] 명사
		dustcloth	

1단계	2단계	3단계	5단계
		4단계	

seller	trader	retailer	**merchant** 상인 [ˈmɜːtʃənt] 명사
medicine	drug	tablet pellet	**pill** 알약 [pɪl] 명사
use water	to drink	to put out a fire	**quench** 갈증을 풀다 불을 끄다 [kwentʃ] 동사
eat	drink	absorb gulp	**swallow** 삼키다 [ˈswɑːloʊ] 동사
amazing	awesome	fantastic wonderful	**tremendous** 엄청난 [trəˈmendəs] 형용사

figure	sum	counting	**computation** 계산₩
		calculation	[ˌkɒmpjuˈteɪʃn] 명사

master	professional	pro	**expert** 전문가
		guru	[ˈekspɜːt] 명사

free time	not working	holiday	**leisure** 여가
		relaxation	[ˈliːʒər] 명사

1단계	2단계	3단계	5단계
		4단계	

crazy	stupid	silly	**absurd** 터무니없는 [əbˈsɜːrd] 형용사
		ridiculous	
no plan	chosen by chance	following my heart	**random** 무작위의 [ˈrændəm] 형용사
		accidental	
super large	bigness	magnitude	**immensity** 방대함 [ɪˈmensəti] 명사
		enormity	
walk slowly	walk heavily	trek	**trudge** 터덜터덜 걷다 [trʌdʒ] 동사
		plod	
hot	burning	on fire	**feverish** 열이 나는 [ˈfiːvərɪʃ] 형용사
		having a high temperature	

roll	rock	stagger	**reel** 비틀거리다
		to move unsteadily	[riːl] 동사

hill	dune	range	**ridge** 산등성이, 굴곡
		rim	[rɪdʒ] 명사

spread	extend	reach	**stretch** 뻗어 있다
		lengthen	[stretʃ] 동사

light	weak light	little shine	**gleam** 어슴푸레 빛나다
			[gliːm] 동사

surprise	amaze	shock	**astonish** 깜짝 놀라다
			[əˈstɒnɪʃ] 동사

hide	cover	conceal	**bury** 숨기다
		stash	[ˈberi] 동사

magic	magic spell	charm	**enchantment** 마법에 걸린 상태
		sorcery	[ɪnˈtʃɑːntmənt] 명사

unseen	hidden	unseeable	**invisible** 보이지 않는 [ɪnˈvɪzəbl] 형용사
		ghostly	
touch	affect	inspire	**stir** 마음을 흔들다 [stɜː(r)] 동사
		arouse	
weak	breakable	easy to broken	**fragile** 깨지기 쉬운 [ˈfrædʒaɪl] 형용사
		delicate	
white	sick	faint	**pale** 창백한 [peɪl] 형용사
		bloodless	
shake	rock	vibrate	**tremble** 흔들리다 [ˈtrembl] 동사
		shake slightly	
a little	small amount	trace	**suspicion** 약간 [səspɪʃən] 명사
		hint	
stop a fire	put out	blow out	**extinguish** 불을 끄다 [ɪkˈstɪŋgwɪʃ] 동사

wind	gentle wind	breeze	**a puff of wind** **한 줄기 바람** [pʌf] 명사
		blow	

The Little Prince
CHAPTER 25

1단계	2단계	3단계	5단계
		4단계	

hurry	speed up	push	**rush** 서두르다 [rʌʃ] 동사
		do something very quickly	
only	just	simple	**mere** 단지 [mɪr] 형용사
		nothing more	
wheel	well-wheel	wheel for water	**pulley** 도르래 [ˈpʊli] 명사
sound	noise	creak	**moan** 삐걱거리다 신음하다 [moʊn] 동사
		low sound of pain	
wind direction	weather cock	wind vane	**weather vane** 풍향계 [ˈweðəveɪn] 명사
		windsock	

lift	pull up	raise ——— elevate	**hoist** 들어 올리다 [hɔɪst] 동사
end	outline	outer point ——— border	**edge** 끝, 가장자리 [edʒ] 명사
success	victory	feat ——— triumph	**achievement** 성취, 업적 [əˈtʃiːvmənt] 명사
light	weak light	little shine ——— gleam	**shimmer** 희미하게 빛나다 [ˈʃɪmə(r)] 동사
shake	vibrate	rocking ——— shiver	**trembling** 떨림 [trémblɪŋ] 명사
food	party	banquet ——— feast	**treat** 대접, 한턱 [ˈnʌrɪ[mənt] 명사
food	nutrition	foodstuff ——— diet	**nourishment** 음식물, 영양분 [ˈnʌrɪ[mənt] 명사

| kindness | gentleness | warmth | **tenderness**
상냥함, 친절
[téndərnis] 명사 |
| | | affection | |

| unhappiness | sadness | very great sadness | **grief**
(죽음으로 인한)
비탄
[griːf] 명사 |
| | | heart break | |

| mask | cover | mask for animal | **muzzle**
입마개
[ˈmʌzl] 명사 |
| | | | |

| incomplete | sketchy | not exact | **rough**
대충만든
[rʌf] 형용사 |
| | | not detailed | |

| fall | drop | moving down | **descent**
내려오기
[dɪˈsent] 명사 |
| | | a way down | |

| a special
day | every year | festival | **anniversary**
기념일
[ˌænɪˈvɜːrsəri] 명사 |
| | | celebration | |

| go red | become red | blush | **flush**
얼굴이 붉어지다
[flʌʃ] 동사 |
| | | redden | |

happen	develop	arise take place	**occur** 발생하다 [əˈkɜː(r)] 동사
just walk	wander	amble walk aimlessly	**strolling** 떠돌아다니는 [stróuliŋ] 형용사
waiting	delay	pause wavering	**hesitancy** 망설임 [ˈhezɪtənsi] 명사
relax	calm down	comfort stop worrying	**reassure** 안심시키다 [ˌriːəˈʃʊər] 동사
cry	sob	have tears break down	**weep** 울다 [wiːp] 동사

1단계	2단계	3단계	5단계
		4단계	

destroyed	broken parts	wreck	**ruin** 잔해, 폐허 [ˈruːɪn] 명사
		wipeout	
swing	hang	sway	**dangle** 달랑거리다 [ˈdæŋɡl] 동사
		hang loosely	
place	point	post	**spot** 특정 장소 [spɑːt] 명사
		location	
quiet	calm	peace	**silence** 고요, 적막 [ˈsaɪləns] 명사
		stillness	
toxin	virus	bacteria	**poison** 독 [ˈpɔɪzn] 명사
		venom	

hurt	be in pain	undergo	**suffer** 시달리다 고통받다 [ˈsʌfə(r)] 동사
		hardship	
apart	into pieces	divided	**asunder** 산산이 [əˈsʌndə(r)] 부사
jump	jump over	bounce	**leap** 뛰어오르다 [liːp] 동사
		hop	
find	search	uncover	**dig** 뒤지다 [dɪg] 동사
		look deeply	
weapon	gun	pistol	**revolver** 권총 [rɪvɑlvər] 명사
		hand gun	
move	slide	leak	**flow** 흘러가다 [flou] 동사
		proceed	
spring water	opposite of waterfall	stream	**fountain** 분수 [ˈfauntn] 명사
		gush	

golden	silvery	iron	**metallic** 금속성의 [mə'tælɪk] 형용사
		mineral	
untie	unbind	less tight	**loosen** 헐겁게 하다 ['luːsn] 동사
		slacken	
scarf	a thick scarf	kerchief	**muffler** 목도리 ['mʌflə(r)] 명사
wet	mist	make wet	**moisten** 축이다 ['mɔɪsn] 동사
		dampen	
seriously	earnestly	not humorously	**gravely** 진지하게 [gréivli] 부사
		sincerely	
gun	a long gun	a gun with a long barrel	**rifle** 소총 ['raɪfl] 명사
		hunting tool	
hole	depth	deep hole	**abyss** 심연 [ə'bɪs] 명사
		a very deep hole	

| control | keep down | keep under control | **restrain** 저지하다 |
| | | confine | [rɪ´streɪn] 동사 |

| recover | restore | refresh | **revive** 회복하다 |
| | | | [rɪ´vaɪv] 동사 |

| impossible | no return | can't undo | **irreparable** 돌이킬 수 없는 |
| | | beyond repair | [ɪ´repərəbl] 형용사 |

| professor | Ph. D. | scientist | **scholar** 학자 |
| | | academic | [skάlər] 명사 |

| money | cash | riches | **wealth** 재산 |
| | | | [welθ] 명사 |

| calm | cool | relax | **soothe** 진정시키다 |
| | | allay | [suːð] 동사 |

| correctly | perfectly | rightly | **properly** 제대로 |
| | | | [prά pərli] 부사 |

		wicked	**malicious**
unkind	nasty		심술궂은
		vicious	[məˈlɪʃəs] 형용사

		living thing	**creature**
being	person, animal		생물
			[ˈkriːtʃə(r)] 명사

		comfort	**reassure**
relax	calm down		안심시키다
		stop worrying	[ˌriːəˈʃʊər] 동사

		strong-willed	**resolute**
strongly	firmly		단호한
		determined	[ˈrezəluːt] 형용사

		undergo	**suffer**
hurt	be in pain		시달리다
		hardship	고통받다
			[ˈsʌfə(r)] 동사

		forsaken	**abandoned**
empty	left alone		버려진
		left without care	[əˈbændənd] 형용사

		metal + water	**rusty**
old	dusty metal		녹슨
		covered with rust	[ˈrʌsti] 형용사

| funny | interesting | enjoyable | **amusing**
재미있는 |
| | | entertaining | [əˈmjuːzɪŋ] 형용사 |

| duty | in charge | obligated | **responsible**
책임 있는 |
| | | capable | [rɪˈspɒnsəbl] 형용사 |

| simple | childlike | artless | **naive**
순진한
순진해 빠진 |
| | | innocent | [naɪˈiːv] 형용사 |

| guard | cover | safeguard | **protect**
보호하다 |
| | | safe from damage | [prəˈtekt] 동사 |

| light | shine suddenly | spark | **flash**
번쩍이다 |
| | | | [flæʃ] 동사 |

| not moving | frozen | paralyzed | **motionless**
가만히 있는 |
| | | fixed | [móuʃənlis] 형용사 |

1단계	2단계	3단계	5단계
		4단계	

| friend | buddy | helper | **companion**
친구, 동지
[kəm pǽniən] 명사 |
| | | partner | |

| rope | belt | band | **strap**
끈
[stræp] 명사 |
| | | long piece of material | |

| space | galaxy | cosmos | **universe**
우주
[ju.nɪvɜ.s] 명사 |

| view | countryside | scene | **landscape**
풍경
[lǽndskeɪp] 명사 |

| just before | previous | forward | **preceding**
이전의
[prisi:diŋ] 형용사 |
| | | prior | |

say no	deny	ignore	**refuse**
		reject	**거부하다**
			[rɪ'fjuːz] 동사